Contraste insuffisant
NF Z 43-120-14

Illisibilité partielle

Valable pour tout ou partie
du document reproduit

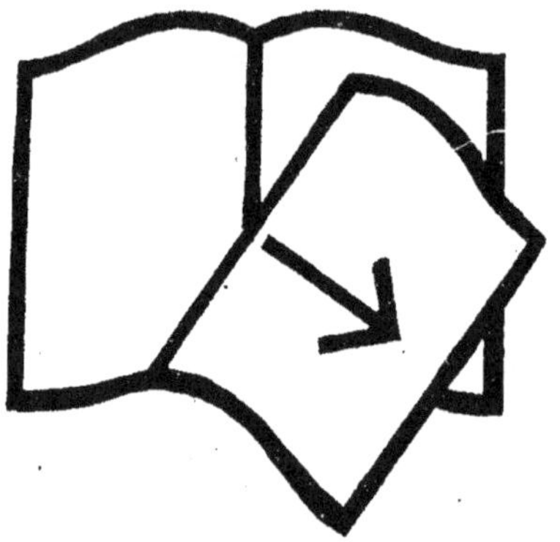

Couvertures supérieure et inférieure
manquantes

CATALOGUE CRITIQUE

DES ŒUVRES

DE

Sᵗ THOMAS D'AQUIN

Le présent essai n'est que le cadre d'une grande bibliographie du Docteur Angélique, qui verra le jour prochainement. Elle comprendra pour chacun de ses ouvrages :

1° L'indication des manuscrits, éditions, traductions et commentaires ;

2° Des notes sur l'époque, le lieu et les circonstances de leur composition ;

3° La nomenclature méthodique des livres et articles relatifs à saint Thomas et à chacune de ses œuvres.

Les opuscules et fragments dont l'attribution est douteuse ou supposée sont distingués ici par une étoile (*) de ceux qui sont authentiques.

(11)

A. Expositiones in libros Aristotelis:

a. Peri hermenias.
Inc.: Dilecto sibi præposito Lovaniensi...
 » : Primum oport...Sicut dicit Philosophus...
Expl.: ... nominibus ponantur exempla.
* Postquam Philosophus distinxit...
... est alteri vero contrarium.

b. Posteriorum analyticorum.
Omnis doctrina... Sicut dicit Aristoteles...
... intellectus ad principium scientiæ.

c. Physicorum.
Quoniam quidem... Quia liber Physicorum...
... Deus benedictus in sæcula. Amen.

d. De cœlo et mundo.
Sicut Philosophus dicit in ı Physic...
... sint elementa et propter quid sint.
* Deinde cum dicit : utrum autem...
... benedictus in sæcula sæculorum. Amen.

e. De generatione et corruptione.
Sicut tradit Philosophus in ııı de Anima...
... corrumpetur vinum et fiet totaliter aqua.
* Quoniam aut... Postquam Philosophus det...
... eadem specie, non eadem numero.

f. Meteorologicorum.
De primis... Sicut in rebus naturalibus...
... pertingere illuc, id est ad locum austri.
* De positione... Postquam Philosophus deter...
... constituuntur ex his partibus.

g. De anima.
* Bonorum et... Sicut docet Philosophus in xı...
... principium in quo manifestatur vita.
Quæ igitur... Postquam Aristoteles posuit...
... dicta de anima ad præsens sufficiant.

B. Expositio in Parva Naturalia Aristotelis.

a. De sensu et sensato.
Quoniam autem... Sicut Philosophus dicit in...
... fit aliqua præcognitio futurorum.

b. De memoria et reminiscentia.
De memoria... Sicut Philosophus dicit in...
... fiat et propter quam causam.

c. De somno et vigilia.
De somno... In priori libro determinavit...
... et quæ ex necessitate est, etc.

d. De somniis.
Post hoc autem... Determinato de somno in...
... hoc ibi, jam vero quibusdam.

e. De divinatione per somnum.
De divinatione... Determinato prius de somnio...
... dicit quid quidem epilogat, etc.

f. De juventute et senectute.
Sicut dicit Philosophus 1 Physic. innata est...

C. Expositiones in alios libros Aristotelis :

a. Metaphysicorum.
Sicut docet Philosophus in Politicis...
... benedictus in sæcula sæculorum. Amen.

b. Ethicorum.
Omnis ars... Sicut dicit Philosophus in...
... summæ totius libri Ethicorum.

c. Politicorum.
Quoniam omnem... Sicut Philosophus docet...
... æquivalentes eis propter libertatem.
* Sumendum aut... Postquam Philosophus dec...
... Deus benedictus in sæcula sæculorum.

D. Expositio in librum (Procli) de causis.

Omnis causa... Sicut Philosophus dicit...
... qui est prima omnium causa.

E. Expositio in libros beati Dionysii :

a. De cœlesti hierarchia.
[...] sed itaque et hoc... Posuerat superius...
... per hoc ipsa esse supra nostrum intellectum.

b. De ecclesiastica hierarchia.
[...] quam scientiam. Præterea secundum vol...
... habet hujus per totum... ejusque revocandæ.

c. De divinis nominibus.
I. [...] in primo modo in statu viæ cognoscim...
II. Ad intellectum librorum beati...
... per omnia sæcula sæculorum. Amen.

d. De mystica theologia.
Super mysticam theologiam... Vere tu es Deus...
... sicut res ipsæ. Rursus autem ascendentes[...]

e. In epistolas VIII et IX fragmenta.
[...] conjurabant ipsa sicut legitur Actor. XIX...
... ritualium unitivam quia unitur per eam[...]

F. Expositiones in libros Boëtii :

a. De Hebdomadibus.
Præcurre prior... Habet hoc privilegium...
... benedictus Deus per omnia. Amen.

b. De Trinitate.
Ab initio nat... Naturalis mentis humanæ...
... propter eminentiam illius finis.

c.* De Consolatione philosophiæ.
I. Philosophiæ servias oportet ut...
... benedictus in sæcula sæculorum. Amen.
II. Sicut dicit Philosophus I Politic... Carmina...

d*. De scholarium disciplina.
Solum hominem nexum fore...
... in sæcula cuncta benedictus. Amen.

G. Scriptum in libros sententiarum Petri Lombardi.

a. Lib. I, de mysterio Trinitatis.
Ego sapientia... Inter multas sententias quæ...
... per infinita sæcula sæculorum. Amen.

b. Lib. II, de rerum... creatione et format..
Spiritus ejus... Creaturarum consideratio pert...
... corrumpetur in sæcula sæculorum. Amen.

c. Lib. III, de Incarnatione Verbi.
Ad locum... Ex verbis istis duo possumus...
... per omnia sæcula sæculorum. Amen.

d. Lib. IV, de sacramentis.
Misit verbum... Ex peccato primi hominis...
... gloria in sæcula sæculorum. Amen.

H. Scriptum aliud in libros sententiarum.

*I. Transite ad me... Inter ceteras doctrinas...
... Benedictus in sæcula sæculorum. Amen.
*II. Quæ vidi annunciabo in sermon...
... imperium in sæcula sæculorum. Amen.

*III. Si habes brachium sicut Deus...
... infinita sæcula sæculorum. Amen.
*IV. Medicina omnium in festinatione...
... infinita sæcula sæculorum. Amen.

J. Quæstiones disputatæ.

  a. De potentia Dei, I-X.

  b. De malo, I-XVI.

  c. De spiritualibus creaturis, I.

  d. De anima, I.

  e. De unione Verbi incarnati, I.

  f. De virtutibus in communi, I.

  g. De caritate, I.

  h. De correctione fraterna, I.

  j. De spe, I.

  k. De virtutibus cardinalibus, I.

  l. De veritate I-XXIX.
    Primo enim quæritur utrum..,
    ... aliqua eorum non sufficienter.

K. Quæstiones quodlibetales.

  a-m. Quodlibeta I-XII.
    Quæsitum est de Deo, Angelo...
    ... in carcere vel alio modo.

L. Summa de veritate catholicæ fidei contra gentiles.

  a. Liber I.
    Veritatem medit... Multitudinis usus quem...
    ... gloria in sæcula sæculorum. Amen.

  b. Liber II.
    Meditatus sum... Rei cujuslibet perfecta...
    ... per omnia sæcula sæculorum. Amen.

  c. Liber III.
    Deus magnus... Unum esse primum entium...
    ... omnia, ipsi gloria in sæcula. Amen.

  d. Liber IV.
    Ecce hæc... Intellectus humanus a rebus...
    ... exultabitis usque in sempiternum. Amen.

M. Summa theologica.

a. Pars prima.
Quia catholicæ veritatis doctor non...
... benedictus Deus in sæcula. Amen.

b. Pars prima secundæ.
Quia sicut Damascenus dicit homo...
... de moralibus in communi dicta sufficiant.

c. Pars secunda secundæ.
Post communem considerationem de virtutib...
... omnia Deus benedictus in sæcula. Amen.

d. Pars tertia.
Quia Salvator noster Dominus JESUS...
... pœnitentia mortalium et venialium.

e. Supplementum.
Deinde considerandum est de singulis...
... benedictus in sæcula sæculorum. Amen.

N. Expositiones in libros Veteris Testamenti :

a. Job.
Sicut in rebus quæ naturaliter gener...
... per omnia sæcula sæculorum. Amen. ·

b. Psalmos Davidis I-LI; LII-LIV.
In omni opere... Verba hæc dicuntur de...
... non possunt nisi diligere Deum.
Dixit insipiens. Supra psalmista arguit...
... eorum, id est in medio cordis. Deo gratias.

c. Canticum Canticorum.
* Osculetur me... Salomon inspiratus divino...
... odor sumus Deo in omni loco.
* Sonet vox tua... In principio cujuslibet...
... per omnia sæcula sæculorum. Amen.
* Osculetur me... Hæc est vox synagogæ...

d. Isaiam prophetam.
Scribe visum... Ex verbis istis tria possunt...
... et gloria in sæcula sæculorum. Amen.

e. Jeremiam prophetam.
Hic est fratrum.... Verba ista sunt Oniæ...
... et ideo non sum confusus.

f. Threnos Jeremiæ.
Ecce manus... Ex verbis istis quatuor possunt...
... nos ut nulla sit sanitas?

O*. Postilla seu expositio aurea :

a. In librum Geneseos.
In principio... Liber iste dicitur...
... cui est laus et gloria. Amen.

b. In Ecclesiasten.
Aspexi terram... Hæc verba leguntur Ierem. IV...

c. In Danielem prophetam.
Intelligentia opus... Ad perstringendum...
... matris totiusque curiæ cœlestis...

d. In libros Macchabæorum.
Nova bella... Ad aliqualem manuduction...
... usque ad captivitatem Romanorum.

e. In septem epistolas canonicas.
Missæ sunt... Verba ista scripta sunt...
... qui est benedictus in sæcula.

f. Super Apocalypsim.
I. Vidit Jacob... Quatuor sunt causæ...
... sit Jesus in æternum. Amen.
II. Vox Domini... In his verbis diligenter...
... nobis omnibus elargiri. Amen.

P. Expositiones in Evangelia :

a. Matthæi evangel..
Matthæus ex Judæa... Evangelio Matthæi...
... per infinita sæcula sæculorum. Amen.

b. Joannis   »
Vidi Dominum... Verba proposita sunt contem...
... multiplicati sunt super numerum.

Q. Catena aurea in quatuor Evangelia.

a. Super Matthæi evangel..
Sanct^{mo} ac rev^{mo} patri dom^o Urbano... papæ IV...
Super montem... Evangelii prænunciator...
... Deus benedictus in sæcula. Amen.

b. Super Marci evangel..
Rever^{do} in Chr. p. d. Hannibaldo... presb. card...

Deus meus factus est fort.... Glossa super illud...
... sermonum et operum gloria. Amen.

c. Super Lucæ evangel.
Induam cœlos... Glossa : inter cætera...
... benedictio et virtus in sæcula. Amen.

d. Super Joannis evangel.
Vidi Dominum... Glossa : divinæ visionis...
... Deus benedictus in sæcula. Amen.

R. Expositio in omnes S. Pauli epistolas :

a. ad Romanos.
Vas electionis... Homines in sacra scriptura...
... ly cui erit constructio plana.

b. I ad Corinthios.
Non abscondam a vobis... Sacramenti nomen...
... amorem Christi. Amen, id est fiat.

c. II ad Corinthios.
Ministri Dei... In his verbis congrue...
... nobis dona distribuentis. Amen.

d. ad Galatas.
Vetera novis superven... Hæc verba competunt...
... spiritum adoptionis filiorum.

e. ad Ephesios.
Ego confirmavi column... Sicut dixit Sapiens...
... Jesum Christum in incorruptionem. Amen.

f. ad Philippenses.
Justorum semita quasi... In hac auctoritate...
... Jesu Christi cum spiritu vestro. Amen.

g. ad Colossenses.
Protegebat castra... Hæc verba congruunt...
... cui sit laus et gloria nunc et semper. Amen.

h. I ad Thessalonicenses.
Multiplicatæ sunt... Hæc verba competunt...
... concludit Epistolam in salutatione.

j. II ad Thessalonicenses.
Congregamini ut... Hæc verba competunt...
... per Jesum Christum facta est.

k. I ad Timotheum.
In manu Dei... Hæc verba materiæ hujus...
... gratia Dei tecum. Amen.

l. II. ad Timotheum.
Nocte et die... Verba sunt Jacob ostend...
... gratia autem vobiscum... Amen.

m. ad Titum.
Si sciret paterfamilias... Per patremfamilias...
... propter totam Ecclesiam. Deo gratias.

n. ad Philemonem.
Servus si est tibi... Ostendit Sapiens tria...
... ad Timotheum. Deo gratias. Amen.

o. ad Hebræos.
Non est similis tui... In verbis istis...
... Amen confirmatio est omnium.

S. Sermones :
a. Dominicales I–CXLII.
Dies autem appropinquavit...
... et prophetis et sanctis. Amen.

b. Festivi I–LXXXIII.
Opportet prævenire solem ad...
... benedictionem perducat nos Christus. Amen.

c. Quadragesimales I–CXIV.
Abjiciamus opera tenebrarum... Adeamus...
... de his qui diligunt illum. Rogemus, etc.

d. Diversi I–XXVIII.

T. Opuscula theologica.

a. Contra impugnantes Dei cultum et reli-
gionem.
Ecce inimici... Omnipotens Deus amator...
... actio in sæcula sæculorum. Amen.

b. De perfectione vitæ spiritualis.
Quoniam quidam perfectionis ignari...
... benedictus in sæcula sæculorum. Amen.

c. Contra pestiferam doctrinam retrahen-
tium homines a religionis ingressu.
Christianæ religionis propositum...
... est auctoritate veritatis confutetur.

d. Contra errores Græcorum, ad Urba-
num IV p. m.
Libellum ab excellentia vestra mihi...
... ut credo omnia possunt reduci.

e. Declaratio quorumdam articulorum contra Græcos, Armenos et Saracenos, ad
cantorem Antiochenum.
Beatus Petrus apostolus, qui promiss...
... alibi diligentius pertractata sunt.

f. Compendium theologiæ, ad fratrem Reginaldum.
Æterni Patris verbum sua immensit...
... possibile ex evidenti exemplo.

g. In duo præcepta caritatis et in decem
legis præcepta expositio.
Tria sunt homini necessaria ad...
... non desiderabis uxorem proximi tui.

h. Summa de articulis fidei et Ecclesiæ sacramentis.
Postulat a me vestra dilectio ut...
... per omnia sæcula sæculorum. Amen.

j. In symbolum apostolorum expositio.
Credo in unum... Primum quod est necessar...
... benedictus in sæcula sæculorum. Amen.

k. In orationem dominicam expositio.
Pater noster... Inter alias orationes...
... Sed libera nos a malo. Amen.

l. In salutationem angelicam expositio.
Ave Maria... In salutione ista...
... et magis benedictus fructus ejus.

m.* Responsio ad fr. Joannem Vercellen-
sem... de articulis CVIII sumptis ex opere
Petri de Tarantasia.
Primo considerandum est quod...
... in anima etiam corpore destructo.

n. Responsio ad magistrum Joannem de
Vercellis de articulis XLII.
Rev^{do} in Chr. pat. fr... Paternitatis vestræ...
... extra theologiæ limites requisita.

o. Responsio ad lectorem Venetum de
articulis XXXVI.
Lectis vestris litteris, in eis...
... mihi orationum suffragia rependatis.

p. Respons. ad lect. Bisuntinum de vi artic.
Car^{mo} sibi in Chr. fr. Gerardo... Percepi litter...
... orationum suffragia impendatis.

q. De forma absolutiónis, ad generalem
magistrum sui ordinis.
Perlecto libello a vobis exhibito...
... mandato compilans laborarem.

r. In decretalem i. expositio, ad archidia-
conum Tridentinum.
Firmiter cred... Salvator noster discipulos...
... non fuit specialiter erratum.

s. In decretalem ii. expositio, ad eumdem.
Damnamus ergo et reprobamus...
... in infinitum distat a Deo.

t. Epist. ad Bernardum abbat. Casinensem.
[Re] v^{do} in Chr. p. d. Bernardo... Optaveram pat...
... fr. Raynaldus commendat se vobis.

U. Opuscula philosophica.

a. De differentia verbi divini et humani.
Ad intellectum hujus nominis...
... productio ejus dicitur generatio.

b. De natura verbi intellectus.
Quoniam circa naturam verbi...
... hæc de verbo dicta sufficiant.

c. De substantiis separatis seu de angelorum natura, ad fratrem Reginaldum.
Quia sacris Angelorum solemniis...
... infer. ordine et corporeos esse.

d. De unitate intellectus contra Averrois-
tas.
Sicut omnes homines naturaliter...
... resist. vel ignorantiæ consuletur.

e. De regimine principum, ad regem Cypri.
Cogitanti mihi quid offerrem...
.. hoc libro in tantum sint dicta.
* Et quia cor regis in manu Dei...
... est contra normam dicentis.

f. De regimine Judæorum, ad ducissam
Brabantiæ.
Excellentiæ vestræ recepi litteras...
... vestra per tempora longiora.

g. De sortibus, ad dom. Jacobum de Burgo.
Postulavit a me vestra dilectio...
... nunc de sortibus dictum est.

h. De judiciis astrorum, ad fratrem Reginaldum.
Quia petisti ut tibi scriberem...
... judiciis astrorum uti.

j. De æternitate mundi contra murmu-
rantes.
Supposito secundum fidem cathol...
... videntur probabilitatem afferre.

k.* De fato.
Quæritur de fato an sit et quid...
... quietæ contemplationis bonorum.

l. De principio individuationis.
I. Quoniam duæ sunt in homine...
... individuationis ad præsens sufficiunt.
II.* Utrum principium individuationis sit mat...

m. De ente et essentia, ad fratres et socios.
Quia parvus error in principio...
... consummatio hujus sermonis.

n. De principiis naturæ, ad fratrem Silves-
trum.
Quoniam quoddam potest esse...
... sunt principia omnium aliorum.

o. De natura materiæ et dimensionibus in-
terminatis.
Postquam de principiis sermo...
... habent ut patet 1 Physic.

p. De mixtione elementorum, ad magistrum Philippum.
Dubium apud multos esse solet...
... salvatur enim virtus eorum.

q. De occultis operibus naturæ, ad quemdam militem.
Quoniam in quibusdam natural...
... ad præsens dicta sufficiant.

r. De motu cordis, ad mag. Philippum.
Quia omne quod movetur...
... motu cordis dicta sufficiant.

s. De instantibus.
Quoniam omnem durationem...
... benedictus in sæcula. Amen.

t. De quatuor oppositis.
Quoniam quatuor sunt oppositiones...
... quatuor oppositis dicta sufficiant.

u.* De demonstratione.
Ad habendum cognitionem de..
... et sic patet quod diximus.

x. De fallaciis, ad quosd. nobiles artistas.
Quia logica est rationalis scientia...
... hæc de fallaciis dicta sufficiant.

y. De propositionibus modalibus.
Quia propositio modalis a...
... non necesse est esse. Edentuli.

X. Alia opuscula philosophica.

a.* De eruditione principum.
Cum pars illustris Ecclesiæ...
... modicum tempus fuerit associata.

b.* De natura accidentis.
Quoniam omnis cognitio humana...
... hæc de natura accidentis sufficiant.

c.* De natura generis.
Quoniam omnis creatura generis...
... super omnia benedictus. Amen.

d.* De potentiis animæ.
Ut adjutorium homini collatum...
... volunt. subduntur ut visum est.

e.* De tempore.
Sicut vult Philosophus 2 Metaph...
... necessit. differunt ab invicem.

f.* De pluralitate formarum.
Quoniam sanctum est honorare...
... lectori fastidium generetur.
Et accedo ad tertiam viam principalem...
... cui sit gloria in sæcula sæculorum. Amen.

g.* De natura syllogismorum.
Quoniam scire est causam rei...
... quod non sequitur ad necessarium.

h. * De totius logicæ Aristotelis summa.
Omnes homines natura scire...
... Gratias Deo bonorum omnium largitori.

j. * De sensu respectu singularium et intellectu respectu universalium.
Circa considerationem sensus quare..
... homo sed non est species.

k. * De inventione medii.
Quoniam principium syllogizandi...
... antecedit et sequitur hominem.

l. * De natura luminis.
Considerandum est de natura luminis...
... sufficit ad visus immutationem.

m. * De natura loci.
Ad sciendum naturam loci...
... hæc de loco dicta sufficiunt.

n. * De intellectu et intelligibili.
Sciendum quod de ratione ejus....
... quæcumque secundum prædicationem.

o. * De quo est et quod est.
In omnibus in quibus est...
... scilicet quidditas et esse.

p. * De universalibus.
I. Circa universalia multiplex fuit...
... et aliarum intentionum.
II. Quoniam dicit Aristoteles 1 Post...
... in aliis scientiis procedatur...

q. * De motoribus corporum cœlestium.
Quæstio est de motoribus...
... Deus nos perducat. Amen.

r. * De suppositionibus.
Circa suppositiones tria sunt videnda...

s. * De unitate et uno.

t. * De arte musica.

Y. Alia opuscula theologica.

a. Officium de festo Corporis Christi.
Ad primas vesperas. Ant. Sacerdos...
... per omnia sæcula sæculorum. Amen.

b.* De venerabili sacramento altaris.
Venite, comedite panem meum...
... est benedictus in sæcula. Amen.

c.* De sacramento Eucharistiæ, ad modum
præedicamentorum.
Memoriam fecit mirabilium...
... ad dexteram Dei Patris Omnipotentis.

d.* De humanitate Jesu Christi dom¹ nostri.
Christus Jesus venit in hunc...
... innovabitur et homo glorificabitur.

e.* De dilectione Dei et proximi.
I. Magister, quod est mandatum...
... unit. rationabiliter non accessit.
II. Vivit Dominus cujus ignis est...
... Patre et Spiritu Sancto vivit, etc.

f.* De divinis moribus.
Perfecti estote sicut et Pater...
... elect. Benedictus Deus. Amen.

g.* De beatitudine.
Beati qui habitant in domo...
... per infinita sæcula sæculorum. Amen.

h.* De modo confitendi et de puritate cons-
cientiæ.
Quoniam fundamentum et janua...
... Deus qui vivit et regnat, etc.

j.* De officio sacerdotis.
Quia sacerdotis officium circa...
... per infinita sæcula sæculorum. Amen.

k.* Expositio Missæ.
In virtute sanctæ Crucis et...
... in tertio vero est differentia.

l.* De emptione et venditione ad tempus.
Car^mo in Chr. fr. Jacobo... Recepi litteras...
... usurarii excusari omnes, Valete.

m.* Epistola exhortatori. ad quemdam.
Quia quæsivisti a me, in Christo...
... attingere poteris quod affectas.

n.* De præscientia et præedestinatione.
Instantissime rogatis me, charissime...
... in sæcula sæculorum. Amen.

o.* De vitiis et de virtutibus.
Quatuor sunt virtutum species...
... vilis penuria et infirmitas.

p.* De concordantiis.
Pertransibunt plurimi et multiplex...
... docuerimus in 1ᵃ parte Summæ.

q.* De usuris in communi et de usurarum
contractibus.
Omnis homo a natura non...
... unus in sæcula sæculorum. Amen.

r.* De adventu et statu et vita Antichristi.
Tunc videbunt filium hominis... In 1 dominica...
... sempiternus horror inhabitat. Amen.

s.* De præambulis ad judicium et de ipso
judicio et ipsum concomitantibus.
Circa statum purgationis...
... Deus in sæcula sæculorum. Amen.

t.* De creatione ss. Trinitatis.

Z. Orationes, Officium s. August., Versus.

*Je recevrai avec reconnaissance les rectifi-
cations et additions dont ce Catalogue est
susceptible, ainsi que l'indication des éditions
et manuscrits qui ne figurent pas dans les
bibliographies et catalogues imprimés.*

Romans, 8 décembre 1886.

Ulysse CHEVALIER.

Romans. — Imp. R. Sibillat André.